Cosmic Flow

Nikki Strange

Cosmic Flow

Il tuo diario creativo per sfruttare il potere della Luna

DEMETRA

Titolo originale: *Cosmic Flow. A Creative Guide to Harnessing the Rhythm of the Moon*
First published in the UK and North America in 2020 by
Leaping Hare Press
An imprint of The Quarto Group
The Old Brewery, 6 Blundell Street
London N7 9BH, United Kingdom
T (0)20 7700 6700
www.QuartoKnows.com

Per l'edizione italiana:
Traduzione di Stefania De Franco

www.giunti.it

via Bolognese 165 - 50139 Firenze - Italia
via G.B. Pirelli 30 - 20124 Milano – Italia
Prima edizione: settembre 2022

MISTO
Carta da fonti gestite in maniera responsabile
FSC® C016973

Stampato in Cina

Sommario

6 INTRODUZIONE

24 Luna nuova

48 Luna crescente

64 Primo quarto

78 Gibbosa crescente

102 Luna piena

124 Gibbosa calante

142 Ultimo quarto

156 Luna calante

176 RINGRAZIAMENTI

Introduzione

La mia storia

Poche cose mi hanno aiutata più della scoperta della potenza della Luna. Per otto anni ho avuto una ditta di moda e accessori e, come potranno testimoniare in tanti, la vita degli imprenditori può essere piuttosto solitaria. Bisogna prendere tutte le decisioni da soli, non ci sono superiori o colleghi ad applaudire i tuoi successi o a darti la loro approvazione, e in un'epoca sempre più digitalizzata, in cui tutto sfreccia, spesso capita di sentirsi pesci fuor d'acqua e costantemente in affanno.

Quando ho cominciato a rallentare, però, mi sono accorta che malgrado le preoccupazioni e lo stress sapevo cosa fare. Anche nei momenti in cui pensavo il contrario, se riuscivo a concentrarmi e ad ascoltare l'istinto, ecco che le risposte affioravano. Altrimenti perché mai avevo aperto un'attività? Ero attratta dal bello e dal perseguimento di uno scopo: avevo solo bisogno d'imparare a fidarmi di me. È questo che mi ha spinta a esplorare il ciclo lunare. Volevo capire come sfruttare l'origine magica del divino femminile, attingere con fiducia al mio intuito, sentirmi confortata e accudita nei momenti di paura e di dubbio. Volevo imparare a usare questa energia non soltanto per il lavoro, ma anche per il progetto di continua scoperta di sé che è la vita, in ogni suo aspetto.

Il mio amore per questa energia traspare dai disegni e dai dipinti, come pure da tutte le creazioni via via realizzate affinché altri imparino a prendersi cura di sé tramite la programmazione e la scrittura. Mi auguro che questo libro possa aiutarti a gioire della trasformazione che può avvenire lavorando con la Luna.

Nikki

Lavorare con la Luna

Accogliere l'energia lunare significa accogliere la ciclicità dell'esistenza. Tutto ha un inizio, una parte centrale e una fine, ed è bello sapere con certezza che, qualunque cosa accada, il mese prossimo il ciclo ricomincerà, offrendo nuove opportunità di scoperte e inizi.

Questo libro ti insegnerà a entrare in sintonia con l'energia della Luna durante le sue otto fasi. Il viaggio parte con la Luna nuova, quando imparerai a manifestare e stabilire le intenzioni. Via via che la Luna cresce coltiverai l'energia grazie alla quale cominciare ad attuare questi desideri, e quando sarà piena rifletterai sul percorso fatto. Nella fase di Luna calante, infine, adeguerai l'energia per poter lasciar andare e sciogliere i blocchi, provare gratitudine per i progressi ottenuti ed essere d'aiuto agli altri. Ricreando questo ritmo ciclico nella tua vita conserverai l'energia e la userai con saggezza.

Sarai anche in grado di adattarti meglio ai cambiamenti, siano essi stagionali, individuali o legati alle relazioni con le persone e il mondo circostante. Riuscirai inoltre a cogliere le lezioni insite in ogni cosa: gli aspetti belli dell'esperienza umana e quelli dolorosi, le sorprese piacevoli, le difficoltà impreviste e i miracoli. E sarà un lavoro utile per non perdere mai di vista il fatto che niente è immutabile. Qualunque cosa accada tu guarda la Luna: la sua luce ti ricorderà che è solo una fase.

Come usare questo libro

Prima di cominciare gli esercizi, stampa una mappa delle fasi lunari (puoi trovarla online, con il tuo fuso orario). In tal modo saprai sempre a che punto del ciclo ti trovi e quanti giorni dura ogni fase.

Gli otto capitoli del libro rappresentano ciascuno una fase del ciclo lunare, quindi parti dal primo capitolo, dal giorno della Luna nuova. Io scrivo nell'emisfero boreale, perciò se tu leggi dall'emisfero australe le fasi lunari appariranno rovesciate nel cielo, ma i significati restano uguali.

In ogni capitolo troverai gli esercizi indicati per la relativa fase del ciclo, che potrai scegliere a tuo piacimento. Fai ciò che ritieni adatto a te e ricorda che alcune fasi durano più di altre.

Dopo aver completato il libro, e il tuo primo ciclo lunare, puoi ricominciare daccapo. Chissà, magari hai manifestato le tue intenzioni e ne stai cercando di nuove, magari sei ancora al lavoro sulle stesse e desideri modificarle un po', magari hai deciso che non le volevi davvero e senti il bisogno di cambiarle del tutto. Ascolta le tue emozioni e lasciati guidare da loro.

Il Sole e la Luna

Vista dalla Terra, la Luna sembra cambiare forma. Vista dallo spazio, invece, è piuttosto diversa.

Mentre la Luna gira intorno alla Terra, il Sole ne illumina sempre metà modificando la nostra percezione da una stagione all'altra e da una fase all'altra.

L'energia dello yin e dello yang

Nei secoli, l'energia del Sole e l'energia della Luna sono sempre state considerate opposte, la prima spesso associata al maschile e allo yang, la seconda al femminile e allo yin. Entrambe risiedono anche in noi e si esprimono nel modo in cui ci poniamo verso l'esterno, nei sentimenti consapevoli e nelle emozioni inconsce.

Sole
Yang
Maschile
Radiosità
Entusiasmo
Vigore
Fiducia
Fervore

Luna
Yin
Femminile
Tranquillità
Emotività
Oscurità
Ricettività
Riflessività

L'energia del Sole

Nel Sole scrivi le parole che esprimono il lato radioso della personalità che mostri agli altri.

L'energia della Luna

Nella Luna scrivi le parole che esprimono il tuo lato più riservato e i sentimenti intimi che nascondi.

Segni e caratteristiche del Sole

La Terra compie l'orbita intorno al Sole in 365 giorni, quindi in ciascuno dei dodici segni zodiacali si trattiene circa trenta giorni prima di proseguire. Il ciclo, noto come "anno astrologico", comincia nell'Ariete e si conclude nei Pesci. Per caso, le caratteristiche del tuo segno solare – le trovi qui – corrispondono a quello che hai scritto nell'attività sull'energia del Sole di pagina 11?

♈ **Ariete**
21 marzo - 19 aprile
Indipendente, testardo, giocoso

♉ **Toro**
20 aprile - 20 maggio
Assennato, realista, materialista, affidabile

♊ **Gemelli**
21 maggio - 20 giugno
Sognatore, intelligente, carismatico

♋ **Cancro**
21 giugno - 22 luglio
Emotivo, sensibile, creativo

♌ **Leone**
23 luglio - 22 agosto
Estroverso, estremamente leale, artistico

♍ **Vergine**
23 agosto - 22 settembre
Efficiente, organizzato, arguto

♎ **Bilancia**
23 settembre - 22 ottobre
Equilibrato, diplomatico, generoso

♏ **Scorpione**
23 ottobre - 21 novembre
Protettivo, autorevole, sensuale

♐ **Sagittario**
22 novembre - 21 dicembre
Ottimista, avventuroso, stoico

♑ **Capricorno**
22 dicembre - 19 gennaio
Pratico, logico, diligente

♒ **Acquario**
20 gennaio - 18 febbraio
Altruista, di buon cuore, creativo

♓ **Pesci**
19 febbraio - 20 marzo
Molto sensibile, empatico, comprensivo

Segni e bisogni della Luna

La Luna compie l'orbita intorno alla Terra in 27,5 giorni e si sposta da un segno zodiacale all'altro ogni due giorni e mezzo. Ecco perché è necessario sapere l'ora e il luogo di nascita per scoprire il segno lunare: se li conosci puoi calcolarlo online. Per caso i bisogni del tuo segno lunare – che trovi elencati qui – corrispondono a quello che hai scritto nell'attività sull'energia della Luna di pagina 11?

♈ Ariete

Creatività, autonomia

♉ Toro

Senso estetico e begli oggetti, sicurezza economica

♊ Gemelli

Sollecitazione mentale e sociale

♋ Cancro

Accudimento, famiglia (biologica o scelta), vicinanza all'acqua

♌ Leone

Espressione della personalità, attenzione

♍ Vergine

Abitudini sane e produttive

♎ Bilancia

Sicurezza tramite le relazioni, tatto e gentilezza

♏ Scorpione

Passione, devozione e senso di responsabilità

♐ Sagittario

Sfide e voglia di esplorare

♑ Capricorno

Obiettivi concreti che generano senso di appagamento, autodifesa emotiva

♒ Acquario

Senso di appartenenza a una collettività

♓ Pesci

Trascendenza, espressione della personalità tramite la creatività

I quattro elementi

I segni zodiacali sono ospitati nei quattro elementi: aria, fuoco, terra e acqua. Raggruppati, formano il nostro universo, ciascuno con la propria energia che, combinata alle altre, crea versatilità ed equilibrio.

Qual è il gruppo di appartenenza del tuo segno solare e quale del tuo segno lunare? Scrivi alcuni dei tratti che rivedi in te, sia dei segni sia dei rispettivi elementi. Fra segno solare e segno lunare c'è un'energia diversa?

Aria

Gemelli
Bilancia
Acquario

Intelligenza
Comunicatività
Pensiero libero

____

____

Fuoco

Ariete
Leone
Sagittario

Azione
Passione
Slancio

____

____

Terra

Toro
Vergine
Capricorno

Materialismo
Stabilità
Praticità

____

____

Acqua

Cancro
Scorpione
Pesci

Emotività
Sensualità
Creatività

____

____

I tuoi due lati

Sfruttando ciò che sai di te, e osservando l'energia del tuo segno solare, del tuo segno lunare e dei gruppi di elementi, usa lo spazio sottostante per disegnare a sinistra quello che ti dona conforto e senso di calma, casa e appartenenza, a destra quello che ti trasmette passione, energia e radiosità. Puoi disegnare oggetti, paesaggi, persone, ricordi o qualsiasi cosa desideri.

Lato solare

Lato lunare

Via via che procedi nel lavoro suggerito dal libro, usa questi disegni come riferimenti visivi quando ti serve un incoraggiamento o hai bisogno di ricordare cosa ti dà forza e gioia.

Il ciclo lunare

Quelle che seguono sono le otto fasi che la Luna attraversa durante il suo ciclo. La lunazione dura 29,5 giorni, poco più dell'orbita della Luna intorno alla Terra, il tempo necessario per andare da una Luna nuova alla successiva.

1 ★ Luna nuova

Quando la Luna è scura nel cielo è il momento dei nuovi inizi, l'occasione di osservare a che punto ti trovi e di riflettere su desideri, doni e passioni, nonché su quello che vuoi condividere con il mondo. Stabilendo le intenzioni puoi diventare consapevole degli obiettivi che vuoi raggiungere nella vita.

2 ★ Luna crescente

Quando in cielo c'è una curva appena accennata, la Luna sta sbucando dalle tenebre e inizia a crescere. È ora di esplorare i pensieri e i desideri che hai individuato. Allineare l'energia e le convinzioni alle intenzioni prescelte può essere piacevole e stimolante. Abbi fiducia in te: stai scoprendo la tua magia unica.

3 ★ Primo quarto

Quando la Luna appare come un netto semicerchio, a metà fra Luna nuova e Luna piena, è tempo di cominciare a mettere in atto le intenzioni. Predisponiti ad alterare schemi mentali e abitudini: stai entrando in contatto con uno scopo più alto e punti a realizzare quello che desideri.

4 ★ Gibbosa crescente

Insieme alla Luna cresce anche la tua rinnovata energia. Mentre lavori attivamente per realizzare le intenzioni, non perdere la motivazione. Abbi fiducia in questo percorso e cerca i segni e i miracoli che testimoniano il sostegno dell'universo.

Impara a conoscere ogni fase e nota come la Luna cresce gradualmente fino a raggiungere la pienezza e poi, altrettanto gradualmente, decresce fino a sparire nelle tenebre. A seconda del mese, la durata delle fasi intermedie (crescente e calante) varia dai cinque agli otto giorni.

5 ★ *Luna piena*

Quando la Luna è gonfia di luce è il giorno ideale per riflettere sul percorso fatto. Poiché la Luna piena può amplificare le emozioni, non perdere il contatto con il momento presente e immergiti nella natura e nei rituali per non farti sopraffare.

6 ★ *Gibbosa calante*

Quando la Luna comincia a ridursi, puoi chiederti a che punto ti trovi. È giunto il momento di spostare l'energia dalla manifestazione alla gratitudine e di trasmettere sentimenti positivi agli altri.

7 ★ *Terzo quarto*

Quando la Luna appare di nuovo come un semicerchio, stavolta rovesciato, rivolgi l'attenzione verso l'interno per contattare il tuo lato oscuro e ascoltare le emozioni più scomode. Impara l'arte di amarti, coltiva l'empatia e preparati a lasciar andare il risentimento.

8 ★ *Luna calante*

La Luna si riduce a una falce sottile, e s'immerge nelle tenebre: il ciclo può ricominciare. È tempo di ricaricarsi di energia dando la priorità a riposo, benessere e nutrimento. Rilassa l'anima e preparati a sfruttare la potenza della prossima Luna nuova non appena riappare.

L'osservazione della Luna

Facendoti guidare dalla mappa delle pagine 16 e 17, stasera esci per osservare la Luna. Poi disegnala qui sotto e cerca di capire in quale fase si trova: dovresti riuscire a trovare una buona approssimazione anche se fosse in una fase lievemente più avanzata o arretrata rispetto ai disegni della mappa. Se non la vedi, ci sono buone probabilità che sia nuova, ma in caso d'incertezza puoi verificare online.

Data

Fase

Data

Fase

Data

Fase

Data

Fase

Uscire per questo esercizio ti servirà ad abituarti ad alzare lo sguardo verso la Luna, il che è decisamente meglio di uno schermo, per entrare in sintonia con la sua energia. Dopo un po' di allenamento saprai istintivamente a che punto del ciclo si trova la Luna e potrai completare il diario sottostante.

Data

Fase

Data

Fase

Data

Fase

Data

Fase

La dea trina

La Luna esprime l'energia del divino femminile e ci mette in contatto con il lato emotivo e istintivo, a prescindere dal genere, perché sono aspetti che chiunque di noi possiede. Il simbolo della dea trina ci aiuta a comprendere meglio questo concetto tramite gli archetipi della fanciulla, della madre e dell'anziana.

Luna crescente

LA FANCIULLA

La Luna crescente è associata alla fanciulla, icona dell'esplorazione dell'ignoto che agisce con coraggio e ottimismo.

Luna piena

LA MADRE

La Luna piena è associata alla madre. Qui emergono comprensione e cura di sé, energia materna che accoglie tutto. La madre incarna inoltre fertilità e spirito produttivo: forse vedrai le tue intenzioni cominciare a prendere forma.

Luna calante

L'ANZIANA

L'anziana possiede una saggezza antica. Tutt'altro che vecchia strega, come vuole l'interpretazione patriarcale delle fiabe, è invece saggia, forte e resistente. L'esperienza l'ha messa a dura prova e le ha insegnato a sopravvivere ai traumi, a fidarsi dell'istinto e a sapere quando fermarsi.

Il tuo altare

L'altare è l'espressione di te, lo spazio in cui realizzare il cambiamento e creare rituali personali. È per questo che, invece di fornirti un elenco, ti propongo alcuni spunti che potrai adattare a seconda delle esigenze emotive e delle possibilità concrete che hai. Il lavoro sui quattro elementi – fuoco, terra, acqua e aria – sarà un prezioso punto di partenza. L'altare può essere grande o piccolo, con una o più candele, sfarzoso o sobrio. Sta a te decidere.

Spunti per il tuo rituale:

- Candele ◯
- Cristalli ◯
- Incenso ◯
- Mazzetti di erbe ◯
- Oggetti con valore affettivo ◯
- Carte dell'oracolo o tarocchi ◯
- Erbe ◯
- Fiori ◯
- Elenco delle intenzioni o affermazioni ◯

Usa lo spazio sottostante per progettare l'altare
che creerai nella tua casa.

Quale grandezza funziona meglio?

Che cosa vuoi che accolga?

Che cosa lo rende realmente tuo?

Capitolo 1

LUNA NUOVA

Stabilisci le intenzioni

Quando
la Luna si nasconde
nelle tenebre è l'ora dei nuovi
inizi. Predisponiti ad accogliere
il cambiamento e a entrare
in contatto consapevole
con quello che vuoi
dalla vita.

L'energia della Luna nuova

Durante l'orbita di (poco meno di) 28 giorni intorno alla Terra, la Luna attraversa i dodici segni zodiacali soffermandosi in ciascuno due giorni e mezzo circa. Significa che conoscendo ogni segno possiamo sfruttare l'energia lunare e farci guidare per tutto il mese. È utile sapere soprattutto in quale segno si trova la Luna quando è nuova, così da concentrarci sugli aspetti unici di quel segno durante il rituale (per scoprire con quale segno è allineata, confronta la data della Luna nuova con quella dei segni solari a pagina 12). Qui di seguito ho elencato le principali energie dello zodiaco per aiutarti a partire con il piede giusto ogni mese.

♈

Ariete è associato all'azione, inaugura l'anno astrologico e stimola l'iniziativa.
Stabilisci intenzioni incentrate sul coraggio e sui nuovi inizi.

♉

Toro è associato alla materialità, alle cose tangibili.
Stabilisci intenzioni incentrate su finanza, prosperità e attenzioni rivolte a te.

♊

Gemelli è governato da Mercurio, il pianeta della comunicazione.
Stabilisci intenzioni incentrate sulla costruzione di relazioni e sulla crescita personale.

♋

Cancro è governato dalla Luna, che lo rende emotivo con una particolare attenzione alla famiglia e a ciò che trasmette sicurezza.
Stabilisci intenzioni incentrate sulla casa e sulle persone care.

♌

Leone è eccentrico, espressivo e creativo.
Stabilisci intenzioni incentrate sul gioco e l'esplorazione.

♍

Vergine è associato alla stabilità mediante l'organizzazione e la pianificazione.
Stabilisci intenzioni incentrate sul benessere e le abitudini benefiche.

♎

Bilancia è associato all'armonia. Stabilisci intenzioni incentrate sull'equilibrio e le relazioni interpersonali.

♏

Scorpione è sensuale, ha forti legami con la sfera emotiva e aiuta a esplorare l'intero spettro della psiche. Stabilisci intenzioni incentrate sui sentimenti e gli obiettivi personali.

♐

Sagittario è associato alla saggezza e alla scoperta. Stabilisci intenzioni incentrate sull'apprendimento e l'avventura.

♑

Capricorno rimanda a risultati attuabili e senso pratico. Stabilisci intenzioni incentrate sulla strategia e gli obiettivi di lungo termine.

♒

Acquario è associato alla lungimiranza e al cambiamento. Stabilisci intenzioni incentrate su collettività e generosità.

♓

Pesci evoca misticismo e pensiero metafisico. Stabilisci intenzioni incentrate su istinto e spiritualità.

Il rituale della Luna nuova

Quando la Luna è nuova, è tempo di ricongiungerci a noi stessi, di scavare nei desideri e di riflettere su come vogliamo che la vita cambi. È il momento ideale per un rituale con cui piantare i semi di ciò che si vuole far fiorire nel proprio futuro.

Il rituale è versatile e si può eseguire soli o in compagnia, in uno spazio tranquillo in cui non si rischia di essere disturbati. In compagnia degli amici è perfetto per dare uno slancio collettivo alle intenzioni tramite l'unione delle energie.

Quello che segue è giusto un elenco di spunti per aiutarti a vivere un'esperienza sensoriale con cui ottenere maggiore chiarezza e, al tempo stesso, evocare ricordi. Gli oggetti possono conferire un tocco speciale al tuo rituale e suscitarti una gradevole sensazione di entusiasmo.

A me piace creare un altare con candele, un cristallo che riverberi le energie che desidero accogliere e qualche ausilio visivo che rifletta ciò che desidero manifestare. Se non hai nulla di tutto questo a portata di mano, non preoccuparti. La cosa più importante è spegnere il telefono, ignorare le distrazioni e immergersi nel silenzio per entrare in contatto con la sede in cui avviene la magia: la mente.

Ti serviranno

- **un altare (vedi pagina 22)**
- **musica**
- **un cuscino comodo su cui sederti**
- **candele o incenso**

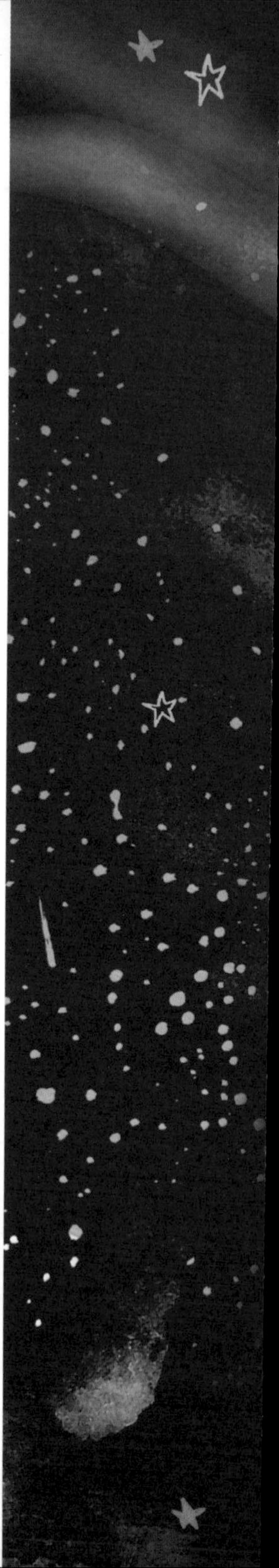

Fai un respiro profondo e osserva come ti senti. Poni attenzione a tutte le sensazioni che ti trasmette il tuo corpo, per esempio dolorini o tensioni, e ai pensieri che ti passano per la mente.

Come mi sento prima del rituale

Se hai scelto di usare le candele o l'incenso, accendili. Fai partire la musica e ascolta il respiro: cerca di respirare lentamente e con calma, perché rilassare il corpo aiuta a rilassare la mente. Se ti distrai, ascolta i suoni che ti circondano.

Dopo alcuni minuti dovresti cominciare a provare un senso di rilassamento. Ora pensa alle intenzioni, cioè a quello che vuoi accogliere nella tua vita. Hai desideri o idee? Se sì, annotali. I cambiamenti possono essere enormi o impercettibili. Non giudicarti, ma apriti a ciò che vuoi.

Desideri e idee che affiorano

Scrivi le tue intenzioni. Scegline un numero compreso fra uno e dieci, quante ne ritieni adatte alla situazione in cui ti trovi. L'elenco ti servirà da punto di riferimento durante il ciclo lunare.

Le mie intenzioni

Pian piano, una dopo l'altra, ripassa le intenzioni prefissate e lascia la mente libera d'immaginare ognuna di loro, visualizzala evolversi come un racconto. Immergiti completamente e prova le emozioni come se gli eventi si stessero verificando davvero.

Che cosa senti mentre osservi l'andamento della storia? Annota colori, sapori, odori, suoni o rivelazioni che appaiono durante la visualizzazione, trascrivi esattamente quello che hai provato.

La mia esperienza

Dopo aver passato in rassegna tutte le intenzioni, siediti immobile e lasciati inondare dalla gratitudine. Immaginale già realizzate. Hai appena piantato i semi di ciò che vuoi realizzare: goditi il senso di sicurezza che ciò comporta.

ALLINEO

la mia energia

AI

cambiamenti

CHE VOGLIO

accogliere

Visualizza il tuo futuro

Concentrati su una delle tue intenzioni e disegnala nello spazio sottostante. Ritrova il tuo lato giocoso: puoi usare i pastelli, il collage o qualunque cosa la renda allegra.

È nelle tue mani

Lungo la spirale contenuta nella sfera di cristallo descrivi l'intenzione della pagina accanto in forma di racconto. Ritrai la scena o l'oggetto e il modo in cui fa parte della tua vita.

Il cielo notturno

Ritagliati un po' di tempo per osservare il buio della notte, all'aperto o dalla finestra. Che cosa vedi? Nuvole, comete, pianeti? I colori sfumati di un cielo velato dalle luci della città? Riesci a individuare una o più delle dodici costellazioni ritratte qui? A penna o a matita, disegna quello che vedi, compresi eventuali alberi, palazzi o altri ostacoli per dare l'idea di dove ti trovi.

Ariete Toro Gemelli

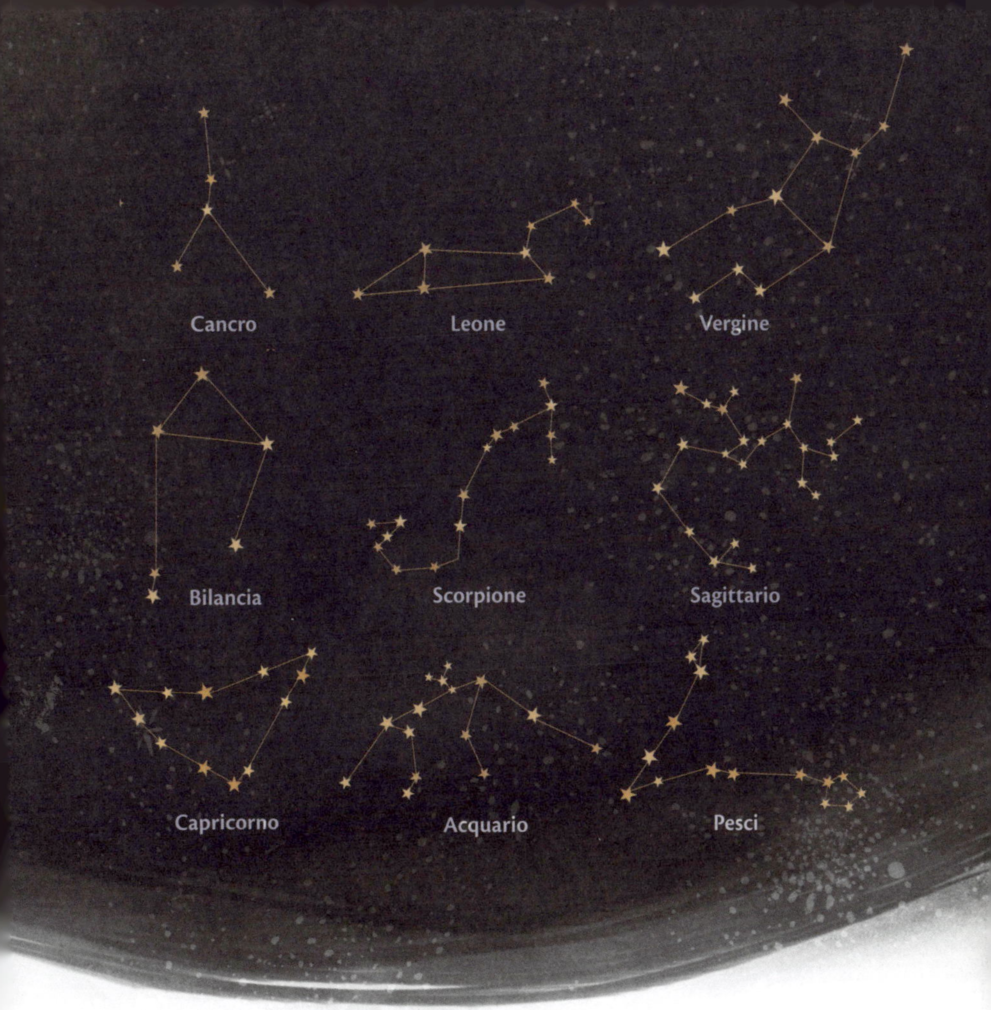
Cancro
Leone
Vergine
Bilancia
Scorpione
Sagittario
Capricorno
Acquario
Pesci

Il rifugio felice

Immaginati fra un mese e fra un anno. Disegnati nel tuo rifugio felice ideale con gli obiettivi prescelti, di breve e lungo termine.
Cosa ti circonda? Chi ti fa compagnia? Sono le cose che stai cercando di manifestare.

Visualizzati nel tuo rifugio felice e ricorda che è un luogo immaginario a cui puoi tornare ogni volta che vuoi.

Fra un mese

Quando sono qui mi sento

Fra un anno

Quando sono qui mi sento

L'energia di Kali

Kali è la divinità indù associata alla morte e alla distruzione che generano rinascita, quindi è la dea perfetta da cercare dentro di noi all'inizio del ciclo lunare. Distrugge i pregiudizi che ci frenano e trova lo squarcio di luce nelle tenebre.

Spesso è ritratta in nero o in blu mentre mostra la lingua, ha una ghirlanda di teste decapitate al collo e una spada in ciascuna delle numerose mani. Come tale è considerata la rappresentazione della *shakti*, termine sanscrito che evoca l'energia cosmica universale associata al divino femminile, potente ma di cui non aver paura. Quando il cielo è nero ed è tempo di Luna nuova, possiamo fare appello all'energia di Kali per distruggere i pregiudizi, immaginando le spade nell'atto di recidere i legami delle cattive abitudini e dell'autosabotaggio. L'energia stagnante può bloccarci, ma la forza di Kali ci aiuta a liberarcene.

Concediti un attimo per guardarti dentro. Come ti vedi? Quando rifletti su chi sei adesso, quali parole ti vengono in mente? Scrivile subito senza censurarti, poi esaminale. Trovi pregiudizi che ti frenano e schemi mentali che vanno smantellati per poter dar vita a una netta trasformazione?

Colora la tua Kali

Canta

L'energia negativa può ostruire il *chakra* della gola, impedendoti di esprimere con facilità il tuo punto di vista: cantare è un ottimo modo per rimuoverla. I *mantra* sono metodi antichi che elevano lo spirito tramite la ripetizione (sia ad alta voce sia mentale) di una parola, una frase o un suono, spesso in sanscrito. Qui di seguito trovi due suoni sacri usati da secoli nello yoga Kundalini, fondato sul principio secondo cui l'energia sale dalla base della colonna vertebrale attraverso i *chakra*. Con gli esercizi giusti, possiamo sbloccare l'energia. Sono ideali durante la Luna nuova per rinnovare il modo di pensare.

Har

L'infinito creativo

Questo *mantra* aiuta a far fluire abbondanza e prosperità.

Chiudi gli occhi e ripeti mentalmente HAR per circa tre minuti. Quando avrai acquisito familiarità con il suono cantalo ad alta voce per altri tre minuti. Prova a sintonizzare il respiro con il movimento ritmico dell'ombelico e, una volta che sarà regolare, porta l'attenzione al *chakra* del terzo occhio, lo spazio fra le sopracciglia associato alla consapevolezza.

Se ci riesci, continua per undici minuti, ma fa' attenzione, può essere difficile!

Alla fine descrivi nello spazio sottostante come ti senti.

Sat Nam

Verità, identità

Questo *mantra* è un pilastro dello yoga Kundalini, usato per la concentrazione della mente durante tante pratiche.

Mentre lo ripeti, cerca di visualizzare l'energia che sale dal *chakra* della radice (il più basso, intorno alle ultime tre vertebre e fra le gambe) e attraversa il corpo fino alla sommità della testa. Sat Nam è un ottimo *mantra* per raggiungere la nostra vera essenza e tornare in contatto con noi stessi dopo aver fatto prevalere a lungo la testa.

Ripeti mentalmente SAT NAM per circa tre minuti. Coordina il *mantra* con il respiro in modo da far corrispondere SAT all'inspirazione e NAM all'espirazione e concentrati di nuovo sul movimento ritmico dell'ombelico.

Poi porta l'attenzione al *chakra* del terzo occhio e immagina l'energia fluire attraverso il corpo, dalla radice alla corona. Ripeti il *mantra* ad alta voce per tre minuti o più a lungo che puoi.

Alla fine descrivi nello spazio sottostante come ti senti.

Balla

Elenca le canzoni che non mancano mai di farti alzare e scatenare.

La mia playlist

Poi ascolta la playlist e balla lasciandoti pervadere dalla musica. Scatenati, divertiti ed esprimiti. Dimenati, dondola e scuoti le dita di mani e piedi. Senti l'energia salire dal *chakra* della radice e attraversare tutto il corpo. Che cosa ti si smuove dentro?

Appena finisci di ballare, ancor prima che il cuore rallenti, siediti e scrivi subito cosa provi. Sono venute a galla idee o particolari momenti gioiosi da annotare?

Come mi sento dopo aver ballato

Sono emersi desideri o intuizioni in grado di stimolare nuove intenzioni?

Qualche testo in particolare ti ha trasmesso felicità o entusiasmo?

Io sono

Il modo in cui ci rivolgiamo a noi stessi influisce sulle nostre convinzioni, modificando l'energia che apportiamo alla nostra vita. Per manifestare le intenzioni può esserti utile scrivere come ti sentiresti se si fossero già avverate: proiettandoti oltre il senso d'immobilismo, percepirai una nuova energia positiva.

Nella pagina accanto, scrivi una o due intenzioni come se fossero parte della tua realtà e non solo desideri. Per esempio:

IO SONO una persona comprensiva
o
IO SONO un artista di talento

Queste affermazioni ti fanno provare un senso d'incertezza o di paura? Componi un *mantra* che ti incoraggi a realizzare la tua aspirazione, per esempio:

IO SONO paziente e gentile con me nel viaggio che è la vita.

Rendi i tuoi *mantra* buffi e rappresentativi della tua personalità: scrivili in una grafia precisa o strampalata, in modo dettagliato o spiritoso, magari usando i colori per goderti le tue creazioni.

Alla fine sediti immobile e lasciati riempire dal significato di ciò che hai scritto. Invoca questa nuova energia audace, che darà corpo a nuovi pensieri e alle nuove azioni che seguiranno. Ti stai preparando alla prossima fase della Luna crescente.

IO SONO

IO SONO

IO SONO

Capitolo 2

LUNA CRESCENTE

Immergiti nelle tue intenzioni

Quando la Luna
comincia a crescere, è tempo
di contattare le tue intenzioni.
Con i pensieri e i desideri individuati
nel capitolo precedente, esplora
i sensi per scendere ancora
più in profondità.

La fanciulla

Via via che la curva sottile della mezzaluna si riempie nel cielo, la Luna cresce e rappresenta l'archetipo della "fanciulla" della dea trina (vedi pagina 20). È tempo d'invocare la divinità greca Artemide, impavida, giovane e libera. Spesso ritratta nell'atto di cacciare nei boschi, armata di arco e freccia con un cervo al suo fianco, è la dea della caccia e la protettrice della natura. Facendo nostro un po' del suo estro ammaliante possiamo contattare le aspirazioni avventurose ed estreme che abbiamo. Siediti immobile e pensa a come vorresti riuscirci.

Nello spazio soprastante, elenca i modi per avere più coraggio nella vita quotidiana, per realizzare le tue aspirazioni e per affrontare il mondo con audacia.

Artemide è la vergine cacciatrice, dea della natura selvatica e protettrice degli animali. Disegna una scena naturale con flora e fauna. Nel farlo, pensa a come entrare più in contatto con la natura e incarnare la sua energia tonificante.

Piantare il seme

Liberare un'intenzione nell'universo è un po' come piantare un semino sottoterra. L'accudisci con pazienza permettendole di crescere, con la certezza che un giorno fiorirà. Pensa come i giardinieri: non conta solo il risultato finale, ma anche l'intero processo di crescita.

Tipo di pianta ....

Intenzione che rappresenta ....

....

Seme piantato il ....

Si crede che, nella sua fase crescente, la Luna eserciti sulla Terra un'attrazione tale da risucchiare in superficie l'acqua del sottosuolo gonfiando i semi. Le notti sempre più rischiarate sono l'ideale per la crescita delle piante. Scegli una varietà da piantare – sia al chiuso che all'aperto, a seconda delle tue possibilità – e associala a un'intenzione di lungo termine, che richiede un po' di tempo per svilupparsi. Fungerà da promemoria gentile della forza della pazienza.

Nei prossimi mesi torna su queste pagine per disegnare e documentare l'evoluzione della tua pianta. È cresciuta anche la tua intenzione? Troverai lo spazio per rifarlo con una seconda pianta.

Tipo di pianta ....

Intenzione che rappresenta ....

....

Seme piantato il ....

Vorrei che tu fossi qui

CARTOLINA

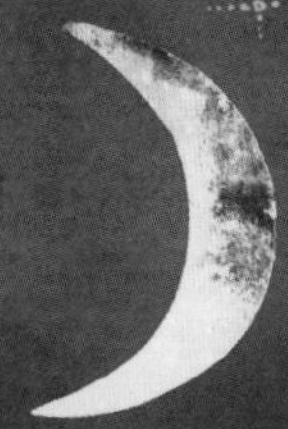

Per racimolare dell'energia in più con la quale incidere sulle intenzioni, può essere utile scrivere da una prospettiva futura. L'esercizio è particolarmente efficace quando la Luna crescente è nel segno dei Gemelli, che rappresenta la chiarezza e la comunicazione. Scrivi al tuo io presente una cartolina dal tuo io futuro descrivendo la vita che fai, quello che vedi, dove ti trovi e come ti senti.

Nel riquadro del francobollo puoi anche disegnare un piccolo autoritratto, e nello spazio dell'indirizzo il luogo in cui ti piacerebbe essere.

Risorse stimolanti

Usa queste pagine per elencare gli strumenti che ti accompagneranno nella crescita e nella realizzazione delle intenzioni. Possono essere risorse per lo sviluppo spirituale, l'organizzazione, la pianificazione economica, i viaggi, qualunque cosa, insomma, ti aiuti ad apprendere, superarti e motivarti. Ripeti l'esercizio con regolarità per scongiurare l'inattività e continuare a stimolarti.

Libri

Titolo/autore/in che cosa mi è di aiuto

Podcast

Titolo/creatore/in che cosa mi è di aiuto

Workshop o corsi

Titolo del corso/sede/in che cosa mi è di aiuto

Film e documentari

Titolo/regista/in che cosa mi è di aiuto

Siti web e profili social

Sito/nome utente/host/in che cosa mi è di aiuto

Il bambino interiore

Spesso gli impegni sono così tanti da farci trascurare il nostro lato giocoso. Ripensare a quello che amavamo da piccoli è un ottimo modo per ricontattare questa parte di noi: in fondo i bambini sono mossi unicamente dal piacere. Concediti un pizzico di nostalgia: ti arricchirà la vita riportando a galla gioie dimenticate e ti aiuterà a comprendere e a perfezionare le intenzioni della Luna nuova.

Non concentrarti su quello in cui riuscivi meglio, ma su quello che ti attirava o che ti piaceva di più.

Giochi che amavo

Come mi sentivo mentre li facevo

C'è per caso un legame tra quanto hai scritto qui e quello che dona conforto al tuo lato lunare (vedi pagina 15)?

Dopo aver riletto ciò che hai scritto, provi l'impulso di arricchire la tua vita con quelle emozioni?

Ritagliati un po' di tempo per fare un gioco d'infanzia che amavi o il suo equivalente per adulti. Se per esempio ti piaceva modellare la creta, potresti iscriverti a un corso di ceramica.

Nello spazio sottostante, documenta che cosa emerge durante il tempo dedicato al gioco. Magari ti dà qualche spunto per realizzare le tue intenzioni, in questo o in un ciclo lunare futuro.

Caricare il cristallo

Se per il rituale della Luna nuova hai usato i cristalli, scegline uno che ti attira particolarmente e che puoi portare in giro con facilità. Nello spazio sottostante scrivi parole di conforto e sostegno, lasciandole fluire libere. Non devono per forza avere senso, basta che siano d'amore incondizionato.

Ora siediti e ripetile stringendo in mano il cristallo. Caricato con questa energia ti donerà molta più forza. Tienilo sempre vicino affinché ti sproni e ti dia quel pizzico di coraggio in più, un talismano che puoi stringere nei giorni difficili.

Parole d'incoraggiamento

MI RIVOLGO

verso l'interno

PER TROVARE

sostegno

E GUIDA

Affermazioni

È arrivato il momento di credere alla possibilità che quanto vuoi accogliere nella tua vita possa avverarsi davvero.
A tale scopo ti verrà in soccorso la ripetizione quotidiana di alcune affermazioni, in grado di rafforzare le convinzioni positive e placare eventuali voci interiori negative.
È un modo semplice e veloce per riallineare l'energia quando senti di aver smarrito la strada.

Comincia con quelle che seguono e ripetile a mente cinque volte, lentamente, in modo da farle tue. Poi ripetile cinque volte ad alta voce. All'inizio potrà sembrarti sciocco, ma è molto efficace.

Oggi ho tutto il tempo per portare a termine gli impegni. Posso concedermi alcune pause di relax, che mi aiuteranno a mantenere la calma e la concentrazione.

Oggi voglio rallentare, mostrarmi paziente con me e fare più attenzione alle piccole gioie per restare nel presente.

Oggi voglio essere d'aiuto agli altri, ricordare di guardarmi intorno e trasmettere energia gentile.

Ora adegua le affermazioni alle tue esigenze o creane di nuove. Scrivile nello spazio sottostante e cerca di ripeterle per alcuni minuti ogni giorno, o quando puoi, per modificare il tuo modo di pensare.

A ogni ciclo lunare ritorna a questa pagina e annota eventuali cambiamenti: vedrai la magia in azione.

Capitolo 3

PRIMO QUARTO

Passa all'azione

Una volta allineati i desideri alla nuova energia, è giunto il momento di mettere in pratica le tue intenzioni. È ora di darci dentro, scardinare le routine e di correggere vecchi schemi mentali.

Un passo alla volta

Quando le intenzioni sono più di una, ci si può sentire confusi: da dove cominciare? Rileggi il tuo elenco di pagina 31. Alcune saranno raggiungibili nell'immediato, per altre ci vorrà più tempo. Fai ordine con le pietre che trovi qui.

Frase o parola che riassume l'intenzione

Arco di tempo: breve o lungo

Dopo aver elencato gli obiettivi, assegna a ciascuno un numero, con 1 che equivale al più importante. Non devi realizzarli tutti in un solo ciclo lunare, ma decidere le priorità: in tal modo potrai seguire un percorso lineare senza perderti tra le nebbie della confusione.

Scopo (preciso)	Come ti farà sentire

L'effetto farfalla

Concentrati su un'intenzione, per ora ne basta una sola. Quali ripercussioni avrà su di te e sui tuoi cari? Si rifletterà anche sulla collettività? (In caso contrario va bene lo stesso.) Scrivendo quello che immagini, per poi analizzarlo, capirai meglio la reale importanza del compimento dell'intenzione. Diffondere amore e aiuto riempie la vita come nessun piacere materiale saprà mai fare: mentre rifletti sulle prospettive potresti persino provare l'impulso di riesaminare l'intenzione o di riconfermarla.

Quale effetto avrà su di me
e sulla qualità della mia vita

Quale effetto avrà su parenti e amici

Quale effetto avrà sulla collettività

Caro me . . .

Dopo aver riletto l'elenco delle intenzioni, puoi sceglierne alcune o affrontarle tutte. Chiudi gli occhi e immaginale già realizzate, cercando di visualizzarle il più chiaramente possibile. Ora scriviti una lettera per ricordarti perché vuoi che si avverino. Mi raccomando, massima sincerità. Scrivi con gentilezza e ottimismo, così se in futuro avrai bisogno di ritrovare la motivazione, potrai tornare a questa pagina e rileggerti. È il momento di darti la carica.

Caro me,

Passa all'azione

Usando questo diagramma di flusso, registra i tuoi progressi verso una delle intenzioni prescelte. Scrivi tutte le azioni da intraprendere e spuntale via via che le porti a compimento.

Ricorda che a volte le cose non succedono con la velocità da noi auspicata. Sarà l'occasione per appurare se è davvero il momento giusto per manifestare questa intenzione. Se i progressi sono meno rapidi di quanto speravi, non preoccuparti: forse l'universo ti sta concedendo più tempo per prepararti. Usa questi appunti per ricordarti di quello che hai fatto e sappi che non possiamo controllare tutto. Più riuscirai a lasciar andare questa aspettativa, più ti aprirai e sarai capace di vedere le piccole magie e le opportunità inaspettate che ti appariranno intorno.

Intenzione

Azioni concrete intraprese

Preoccupazioni o problemi

Segnali di buon esito

Azioni da intraprendere

Prepara il tuo spazio

Visualizza un posto che usi spesso, in ufficio, a casa o all'aperto. Quali cambiamenti apporteresti affinché contribuisca alla realizzazione delle intenzioni? Magari è il momento adatto per una trasformazione radicale, per creare l'ambientazione che sogni, o magari desideri semplicemente un po' d'ordine e organizzazione per ricavare più spazio e favorire produttività e creatività. Fai un progetto e segna dove sistemare gli oggetti o quali dettagli aggiungere. Accogli il cambiamento nella tua vita.

METTO

in atto

IL CAMBIAMENTO

che voglio

VEDERE

Sgombra la mente

Il costante chiacchiericcio interiore rende difficile capire che cosa ci succede davvero in testa. Scrivere che cosa provi può aiutarti a far emergere gli aspetti importanti permettendoti di vederli con chiarezza. Ci sono emozioni o pensieri negativi, per esempio timori e preoccupazioni, che ti impediscono di agire? Quali sono le prove? Mettile nero su bianco: se sono ostacoli concreti puoi risolverli, se sono paure irrazionali puoi lasciarle andare.

Pensieri negativi	Prove
Emozioni negative	Prove

Adesso annota le emozioni e i pensieri positivi che ti rincuorano. Scrivi anche i motivi che li animano. Questo esercizio ti aiuterà a compensare la negatività e a vedere i piccoli progressi fatti.

Pensieri positivi	Prove
Emozioni positive	**Prove**

Capitolo 4

GIBBOSA CRESCENTE

Esamina e perfeziona i desideri

Con
la Luna gibbosa
crescente è tempo di consolidare
la motivazione: continua ad aver
fiducia nel percorso, anche se tutto ti
sembra andare come al solito, e cerca i
piccoli miracoli a riprova del sostegno
che hai. In questa fase puoi ritoccare
le intenzioni affinché rispecchino
sempre il punto in cui
ti trovi.

Energia positiva

Fra la routine quotidiana e i numerosi impegni è facile scivolare nelle abitudini e sentirsi in colpa se ci si diverte. E invece nella vita c'è tanto bisogno di positività e leggerezza. Usa gli spunti che trovi qui per esaminare le piccole cose che ti fanno stare bene e ti tirano su. Un pizzico di piacere in più nelle tue giornate ti aiuterà a mantenere l'impegno preso con la Luna nuova. Sappiamo bene che, in mancanza di motivazione, i buoni propositi rischiano di naufragare, quindi, durante la fase gibbosa crescente, un po' di spensieratezza per accogliere i momenti gioiosi ti servirà a tener fede alle tue intenzioni.

Cose da fare offline che mi rilassano

Cose che mi danno un senso di libertà

Cose che mi fanno ridere a crepapelle

Canzoni che mi fanno stare subito bene

Attività
da poter fare
in dieci minuti
di pausa

Modi per
immergermi
nella natura

Nello spazio sottostante annota tutte le idee
su come introdurre queste attività nelle tue giornate

Avventurati fuori dalla tua bolla

Rischiare può spaventare, specie quando tendiamo a pensare troppo e a inventarci falsi motivi per aver paura. La paura è un'emozione naturale che ha lo scopo di salvarci, ma è importante ricordare che volendo possiamo rischiare e metterci alla prova. Guarda la montagna della pagina accanto e, ai suoi piedi, elenca le convinzioni che ti frenano, poi i modi con cui potresti superare quei limiti e infine, sulla sommità, le cose che ti spaventano in senso positivo, cioè le vette a cui vuoi tendere.

A disagio,
ma sto imparando
I modi per superarli
I miei pregiudizi

Il sasso nello stagno

Nello stabilire un'intenzione non sempre possiamo prevedere tutti gli esiti, ma forse questo è un bene. Hai notato dei cambiamenti positivi scaturiti indirettamente dal tuo nuovo atteggiamento? Sappi che possono verificarsi delle sorprese impreviste in grado di arricchirti la vita.

Se invece non è successo niente del genere, occorre ripensare al reale motivo delle tue intenzioni. Le trovi ancora adatte a te? Spesso vogliamo qualcosa solo perché temiamo che ci manchi o perché crediamo che l'obiettivo finale coincida con la felicità. Ecco l'occasione per verificarlo, chiedendoti se le intenzioni che hai scelto fanno bene a te e agli altri, se incoraggiano l'apprendimento e la crescita personale e se sono ancora giuste per te.

Soppesare

Siediti con in mente una delle tue intenzioni e testala: quali sarebbero i potenziali esiti positivi e negativi se si realizzasse? Con un pizzico di senso pratico puoi farti un'idea più chiara di come progetti e sogni influenzeranno la tua vita. In tal modo potrai verificare se sono equilibrati e adatti al tuo io superiore e decidere se, per accoglierli, è opportuno cambiare qualcosa nella tua vita.

Pro

Cose belle e positive che avverranno se le mie intenzioni si realizzano

Contro

Problemi che potrebbero insorgere se le mie intenzioni si realizzano

Il controllo

Ora che hai cominciato ad agire sulle intenzioni, pensa alle cose che potrebbero influire sul tuo potere di manifestarle. Scrivi quelle che non puoi controllare: riconoscerlo ti aiuterà ad allentare la pressione. Scrivi anche quelle che puoi controllare, per ricordarti con sollievo che stai facendo tutto il possibile.

Cose che posso controllare

Cose che non posso controllare

Osserva le abitudini

Per questo esercizio scegli due giorni della fase gibbosa crescente. Annota ora per ora quello che hai fatto, sia eventi interessanti sia normali, con cura e dovizia di particolari. Infine osserva con sincerità come passi il tempo e verifica se ci sono abitudini di autosabotaggio di cui faresti meglio a sbarazzarti.

Primo giorno

6

7

8

9

10

11

12

13

1
24
23
22
21
20
19
18
17
16
15
14

Secondo giorno

Rifletti sulla tua giornata e usa lo spazio sottostante per descrivere quello che hai scoperto. Prendi nota delle eventuali ragioni per cui ti stai boicottando.

6

7

8

9

10

11

12

13

1
24
23
22
21
20
19
18
17
16
15
14

Parole pregne di sentimento

Quando un'intenzione non sembra realizzarsi può essere difficile restare motivati. Nei momenti di frustrazione usa queste pagine per annotare citazioni significative tratte da poesie, prosa, discorsi, interviste o qualunque cosa ti dia incoraggiamento.
Non occorre che siano frasi motivazionali ridondanti, giusto condivisioni dell'esperienza umana in sintonia con il tuo sentire.

Fiducia nel percorso

Siediti all'aperto di fronte a un albero. Spesso non prestiamo sufficiente attenzione alle splendide forme di vita che ci circondano: gli alberi si adattano a ogni stagione, fioriscono, sfioriscono e si riposano, ricordandoci che anche noi abbiamo bisogno di vivere seguendo questo ciclo. Disegna l'albero che hai davanti e osservane colori, corteccia, dimensione eccetera (per mostrarla meglio puoi aggiungere oggetti) e a che punto del ciclo si trova. Non dimenticare che fra te e questa forma di vita saggia e antica c'è un legame in grado di aiutarti a fermare l'incessante monologo interiore.

Dai un'occhiata alle intenzioni stabilite con la Luna nuova.
Passare un po' di tempo all'aria aperta ha cambiato il tuo modo di vederle? Scrivi come potresti ritoccarle da questa nuova prospettiva.

Miracoli inaspettati

Pensa a una circostanza in cui è avvenuta una cosa straordinaria del tutto inaspettata. Certe volte abbassando la guardia si crea spazio lasciando che avvengano piccole magie: pur non essendo eclatanti, possono comunque sembrare miracoli. Usa la pagina accanto per raccontare uno di questi avvenimenti e descrivi che cosa hai provato prima e dopo. Servirà a ricordarti di confidare nella complicità dell'universo e che la fatica non è segno di avversità, ma un'opportunità per imparare.

Segni dell'universo

Un segno, o sincronismo, si ha quando qualcosa sembra andare al di là della coincidenza. Ci risuona dentro come se l'universo ci incitasse con una spintarella o una strizzatina d'occhio mistica. Può rivelarsi sotto forma di visione in sogno, di evento ricorrente, di numeri fortunati o di canzoni calzanti alla radio, di regalo inaspettato o di una buona notizia che schiude nuove opportunità per realizzare le intenzioni. Scrivi, disegna o crea un collage di quello che per te è magia all'opera.

PRESTO

attenzione

AI

segni

CHE

mi guidano

La rete di sostegno

Con la Luna crescente è importante confidare nel fatto che, a prescindere dalle intenzioni stabilite, qualunque cosa accada in questa fase è giusta. Siccome non vedere risultati concreti può risultare snervante, nello spazio sottostante disegna le persone che, nei momenti difficili, ti fanno sentire il loro sostegno e appoggio.

Accanto a ciascuna scrivi in che modo lo fa o l'emozione che ricevi dalla sua energia. Ricorda: puoi provarla ogni volta che vuoi.

Puoi addirittura aprirti con una persona fidata. Condividi le tue intenzioni e i progressi fatti finora. Se ricevi consigli saggi, annotali nello spazio sottostante: potrebbero aiutarti ad avere un approccio nuovo. Riporta anche i commenti che non condividi: può darsi che in un altro ciclo lunare ti risuonino di più.

Capitolo 5

LUNA PIENA

Conferma le intenzioni e liberati della negatività

La Luna piena amplifica le emozioni. Per evitare di farti travolgere, entra in contatto con il momento presente e fai esperienza della tua vera natura, lasciandoti nutrire dall'energia materna e positiva di questa fase.

L'energia della Luna piena

Ogni mese la Luna piena si trova in un segno zodiacale diverso, e sfruttare l'energia di quel segno, durante il rituale, può servire a vedere le sfide da una nuova angolazione. I calcoli per sapere qual è il segno in cui si trova la Luna sono piuttosto complessi: la soluzione più semplice è controllare online.

♈

Ariete

Concentrati sulla tua sicurezza e sul tuo spirito indipendente. Affronta le sfide come un audace pioniere.

♉

Toro

Entra in contatto con il tuo corpo, i desideri, quello che meriti. Aspira a cambiamenti positivi.

♊

Gemelli

Relazionati agli altri: pensieri e approcci nuovi potrebbero essere giusto quello che ti serve. Comunica, fai circolare le idee, condividi stimoli.

♋

Cancro

Usa quest'energia per potenziare la tua creatività. Con un po' di coraggio, le emozioni ti porteranno a nuove vette.

♌

Leone

Esprimiti. Siamo tutti unici: imparalo e accetta come valido e legittimo tutto quello che ti dà conforto e coraggio.

♍

Vergine

Organizzati. È tempo di chiarezza, di mettere ordine e di costruire fondamenta stabili da cui agire.

Eclissi lunare

Quando la Luna piena passa dietro la Terra, il nostro pianeta proietta un'ombra che sembra oscurarla. Non perderti questo evento astrologico che rappresenta le conclusioni o i grandi cambiamenti.

♎

Bilancia

Coltiva l'equilibrio. Vivi in armonia con gli altri e sii paziente con le tue emozioni: così ti preparerai a reagire con oculatezza a qualsiasi cambiamento positivo.

♏

Scorpione

Senti tutta la forza dei tuoi desideri e della tua sensualità. Hai il potere di trasformare: permetti alle emozioni di essere il fuoco che crea l'alchimia.

♐

Sagittario

Usa quest'energia per avvicinarti a nuove scoperte. Massima onestà e apertura: è tempo di lasciarti guidare sulla strada giusta dalla tua saggezza istintiva.

♑

Capricorno

Lascia andare ogni resistenza. Sei al sicuro: pensa a soluzioni pratiche per raggiungere gli obiettivi.

♒

Acquario

Guarda al futuro. Ogni cosa buona ti spinge avanti, quindi prova gratitudine e amore mentre prevedi il prossimo passo.

♓

Pesci

Usa questa energia per elevarti. Cerca musica, poesia, qualunque cosa ti avvicini il più possibile alla sfera mistica.

Il rituale della Luna piena

Rifletti sulle tue intenzioni senza giudicarti: che cosa sta emergendo e che cosa no? La fase della Luna piena è l'ideale per metterti a nudo, svelare le tue emozioni più profonde e lasciarle parlare.

Il rituale descritto nelle pagine seguenti è giusto un punto di partenza, che potrai modificare a tuo piacimento e personalizzare seguendo l'istinto: con oggetti e temi scelti da te rispecchierà l'essenza della tua vita.

Ti occorrono

- **un mazzetto di salvia e qualcosa per accenderlo**
- **una musica che ti susciti emozioni**
- **l'elenco delle intenzioni**
- **una penna o una matita**
- **un altare a tua scelta (vedi pagina 22)**
- **cristalli, candele oppure oggetti associati alle intenzioni o a quello che vorresti lasciar andare**

Accendi le candele e fai partire la musica. Fai tre respiri profondi e ogni volta che espiri emetti un sonoro sospiro.

Chiudi gli occhi e lasciati inondare dalla musica, concentrandoti sul *chakra* del terzo occhio (il punto fra le sopracciglia). Se senti il bisogno di muoverti accetta l'invito. Siediti o balla per tutto il tempo che vuoi: in fondo conosci il tuo corpo meglio di chiunque altro.

Accendi l'estremità del mazzetto di salvia e, quando comincia a sprigionare fumo, percorri lentamente il tuo spazio spargendo il profumo con la mano e immaginando che purifichi l'energia circostante.

Apri gli occhi e leggi l'elenco delle intenzioni. Concentrati su ciascuna. Ci sono segni che i tuoi desideri si stanno realizzando? Se sì, descrivili qui sotto.

Scrivi anche come ti senti e, nel caso in cui le cose non stiano andando come immaginavi, se provi un senso di delusione. È il momento di arrenderti all'energia della Luna piena e di dare libero sfogo a eventuali emozioni represse che covano sotto la superficie.

Permetti alle emozioni forti di rivelarsi. Invece di combatterle, osserva come ti senti e concediti di perdonarti ogni negatività o frustrazione.

Ora concludi la meditazione. Usa questo spazio per annotare le tue riflessioni; potranno indicarti la via per le prossime fasi del ciclo lunare.

MI RITAGLIO

il tempo

PER ESPLORARE

che cosa provo

IN QUESTO

esatto momento

La verifica dei chakra

In sanscrito la parola *chakra* significa ruota: possiamo infatti visualizzare i *chakra* come campi energetici che si muovono a spirale in tutto il corpo. I principali sono sette, elencati qui di seguito, ciascuno con il proprio colore a formare l'arcobaleno. È importante tenerli in equilibrio.

Una semplice meditazione per verificare i *chakra* ti aiuterà a contattare il tuo corpo e a notare eventuali tensioni. Chiudi gli occhi e metti le mani sul *chakra* della radice: visualizza il rosso intenso che lo permea e soffermati lì due minuti. Sul grafico che segue scrivi qualunque sensazione affiori. Poi ripeti l'esercizio con gli altri sei *chakra*, pensando al loro colore unico, fino alla corona.

Leggi ciò che hai scritto. Hai trovato indizi di un *chakra* bloccato o iperstimolato?

Ripeti la verifica, stavolta mandando energia purificatrice a ogni *chakra*. Immagina la luce colorata depurarti e rafforzarti.

La madre

Il secondo aspetto dell'archetipo della dea trina è la madre, che simboleggia fertilità, amore compassionevole e comprensione. La dea greca Selene è l'incarnazione della Luna piena, ritratta su un cocchio bianco trainato da cavalli bianchi. Grazie a lei, che nutre i vulnerabili, nascono nuove idee. Durante la fase della Luna piena, quando le emozioni sono accentuate, contattare la sua energia amorevole può offrire conforto e rassicurazione.

Hai delle preoccupazioni di cui vorresti liberarti? Scrivile qui.

Medita entrando in contatto con l'energia dell'amore incondizionato. Immagina una luce dorata riversarsi su di te, entrare dal *chakra* della corona e riempire ogni cellula. Lasciati sostenere da quest'energia che dona sicurezza e conforto.

Nello spazio sottostante, disegnati come la dea Selene. Che cosa ti direbbe per alleviare l'ansia? Scrivi le sue risposte.

Libera e lascia andare

Durante la fase della Luna piena è salutare liberare eventuali emozioni represse che rischiano di frenarci. Per farlo occorre prima esserne consapevoli. Via via che individui gli ostacoli, scrivili qui: riuscirai a perdonarti per averne provato fastidio.

Io libero...

....

Io libero...

....

Io libero...

....

Io libero...

....

Io libero...

....

I mandala

In sanscrito *mandala* significa cerchio, e rappresenta la natura del cosmo, che non ha né inizio né fine. Poiché la Luna piena può accentuare le emozioni, il rilassamento è molto importante. Crea il tuo *mandala* sul modello che trovi qui, modificando i disegni e aggiungendo i colori, come fosse una serena meditazione che ti aiuta a non pensare troppo.

Il bagno lunare

Quando nel cielo splende la luna, cerca un prato e siediti sull'erba, oppure resta in posizione eretta a piedi nudi. Immagina che dal corpo spuntino delle radici che ti collegano al suolo di Madre Terra e alla sua energia.

Emergono delle emozioni? Descrivile nello spazio sottostante e annota tutto quello che vedi, senti, fiuti e percepisci. Se fatichi a trovare ispirazione, concentrati su qualcosa che in genere non noti per le troppe distrazioni: il sospiro del vento o i motivi intricati sulla corteccia degli alberi vicini.

Ora che la luce della Luna ti ha energizzato, prendi una penna e lasciala scorrere libera sulla pagina. Scrivi tutto quello che ti viene in mente e permetti alle parole di fluire anche se ti sembrano senza senso.

È anche un ottimo momento per purificare i cristalli. Sistemali in una ciotola sul davanzale o, clima permettendo, fuori, e lascia che l'energia della Luna piena li ricarichi.

L'osservazione della Luna

La Luna ci affascina da sempre. Poeti, scrittori e artisti sono stati ispirati dal suo fascino, dalla sua solitudine e dal suo mistero. Per osservarla basta sedersi nella sua luce e aprirsi alla sua ispirazione. Immagina l'energia celestiale riversarsi su di te come ha fatto con tantissime vite prima della tua.

Esci a guardare la Luna. Che cosa noti? È più grande rispetto alle altre sere? Risplende di una tonalità insolita? È circondata dalle nuvole? In questo modo possiamo relativizzare la nostra vita e posare lo sguardo sullo spettacolo sfolgorante di qualcosa che è più grande di noi.

Qui di seguito trovi alcuni dei nomi dati dai nativi americani alla Luna piena nel corso dell'anno.

GENNAIO

Luna del lupo

FEBBRAIO

Luna della neve

MARZO

Luna del lombrico

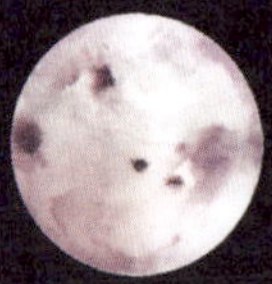

APRILE

Luna rosa

MAGGIO

Luna dei fiori

GIUGNO

Luna delle fragole

Stasera scrivi una poesia sulla bellezza della Luna. Può essere breve e dolce o lunga e descrittiva. Non importa che sia "bella": è un modo per uscire dalla tua bolla e stare nel momento presente.

La mia poesia alla Luna

LUGLIO

Luna del cervo

AGOSTO

Luna dello storione

SETTEMBRE

Luna del raccolto

OTTOBRE

Luna del cacciatore

NOVEMBRE

Luna del castoro

DICEMBRE

Luna fredda

Scatena la creatività

Metti su la musica che ami e, nello spazio sottostante, esprimi la tua creatività. Disegna simboli, forme, linee, qualunque cosa fluisca dalla tua mano. Non pensare e non tentare di produrre un risultato finale perfetto, ma permetti al tuo bambino interiore di prendere il sopravvento e divertirsi.

Il rituale dell'immersione

Mentre la Luna splende, ritagliati il tempo per un bel bagno. Sbizzarrisciti con oli profumati, petali e candele, usa un esfoliante e immagina di scrostarti di dosso le vecchie abitudini. Alla fine visualizza l'energia negativa sparire nello scarico insieme all'acqua. È un ottimo rituale soprattutto quando la Luna piena è nel Cancro, che è un segno d'acqua governato proprio dalla Luna.

Capitolo 6

GIBBOSA CALANTE

Rifletti sulle intenzioni e apprezza i doni che hai

Questa
fase ti chiede di
osservare a che punto ti trovi
e di apprezzare il cammino fatto.
Sposta l'energia dalla manifestazione
alla gratitudine. Provando questo
sentimento trasmetterai l'energia,
ritagliandoti il tempo per entrare in
contatto con gli altri
e avere uno scopo.

Rifletti e riesamina

Descrivi come ti senti. Dopo la Luna piena è il momento perfetto per prendere atto con gratitudine di quanto è successo. Poiché vanno festeggiate persino le vittorie più piccole, usa lo spazio sottostante per raccontarle. Per amor di sincerità, scrivi anche se le cose non stanno andando come speravi.

Quello che è andato a buon fine	Quello che non è andato come speravo

Quello per cui dovrei congratularmi con me

Quali cambiamenti potrei fare

La scoperta di sé

Concediti del tempo per scrivere che cosa hai imparato durante questo ciclo lunare e che effetto ha avuto su di te. Hai notato cambiamenti o hai scoperto un nuovo stile di vita che favorisce la tua crescita personale?

Hai imparato qualcosa di te? Quale perla di saggezza vorresti condividere con gli altri?

Se ormai adoperi questo libro da diversi cicli lunari, rifletti su quello che hai scritto in precedenza e su eventuali cambiamenti. È un ottimo modo per capire come ha influito sulla tua vita il lavoro con la Luna.

Ad alta voce

Registrati mentre elenchi le cose per cui provi gratitudine (forse il telefono è lo strumento più semplice) e comincia annunciando la data, così potrai ricordare il contesto quando ti riascolterai. Parla delle tue intenzioni e di eventuali segnali di coronamento, per quanto piccoli, lasciandoti trasportare dall'entusiasmo. La riconoscenza genera energia positiva e questa ti spingerà a compiere buone azioni che, a loro volta, moltiplicheranno le cose da apprezzare.

Scrivi che cosa emerge dalle tue registrazioni, comprese la data e l'ora per una facile ricostruzione.

Data e ora

Temi principali

Data e ora

Temi principali

Data e ora

Temi principali

Data e ora

Temi principali

SCELGO

di vedere

LA MAGIA

presente

NELLA MIA

vita

Attraverso gli occhi di un bambino

Torna con la mente all'infanzia. Che cosa, della vita attuale, darebbe gioia al tuo io bambino? Vivi con gli amici? Indossi capi colorati e stravaganti? Pensa a quello che ti colpiva allora, magari con l'aiuto di qualche vecchia foto.

Scrivi o disegna in colori vivaci che cosa apprezzerebbe il tuo io bambino di ciò che fai e possiedi oggi. E non preoccuparti se il disegno non è un capolavoro!

L'elenco della gratitudine

Scrivi sei cose per cui provi gratitudine. L'elenco può includere anche quello che hai scoperto finora in questo capitolo. Puoi addirittura ringraziare per cose che devi ancora accogliere nella tua vita.

Dedica una breve meditazione a ciascuna e lascia fluire l'energia della riconoscenza dentro di te. Alla fine scrivi l'elenco su un bigliettino e attaccalo allo specchio o in un posto che vedi ogni giorno.

Leggilo durante l'intero ciclo lunare. Ripeti ad alta voce queste sei cose come rituale mattutino o quando ti assale l'ansia o lo stress: l'energia diventerà positiva e tu sarai più in grado di affrontare il mondo.

1.

2.

3.

4.

5.

6.

Diffondi le emozioni

Una volta acquisita familiarità con l'energia amorevole, che cosa può esserci di più appagante della condivisione? Rifletti su come pensare al bene comune, entrare in contatto con gli altri, collaborare e aiutare. È una sensazione magnifica e, chissà, potresti addirittura ricevere energia amorevole in cambio.

Su una delle due mani scrivi "Collettività" e sull'altra "Famiglia". Immagina la tua energia fluire da tutti i polpastrelli.

Su ogni dito scrivi quale dono o energia desideri trasmettere all'insieme di persone. Poi intorno alle dita scrivi come pensi di fare.

Piccoli gesti di gentilezza

Pensa a cinque persone a cui tieni e alle quali vorresti arricchire la vita.

Scrivi qualche idea su come farlo. Magari con un pacco pieno di pensierini, una telefonata per sapere come stanno, una poesia, un regalino artigianale, una torta fatta in casa. Qualunque cosa scelga, il tempo, l'affetto e le attenzioni che dedicherai sono il dono più bello che tu possa fare: è la dimostrazione di quanto ci tieni, nonché l'occasione per scatenare la creatività. Scegli una data per la consegna del tuo dono, così da scadenzare i gesti amorevoli nell'arco di un anno.

Nome

Perché l'ho scelto

Gesto di gentilezza

Nome

Perché l'ho scelto

Gesto di gentilezza

Nome

Perché l'ho scelto

Gesto di gentilezza

Nome

Perché l'ho scelto

Gesto di gentilezza

Nome

Perché l'ho scelto

Gesto di gentilezza

Scrivi una lettera

In quest'era digitale, la scrittura a mano sta diventando un'arte perduta. Hai mai avuto amici di penna? Ti ricordi l'emozione di tornare a casa e trovare la lettera sul tavolo? Usare la penna ci permette di pensare in maniera diversa: coinvolgendo anche il corpo, infatti, possiamo scrivere con il cuore e sentirci liberi di divagare e abbandonarci ai sentimenti. Concediti del tempo per scrivere una lettera a una persona che non vedi da un po'. Apriti e lascia spaziare la mente. Se ti blocchi, prova con un ricordo comune o una citazione condivisa, qualunque cosa serva a ritrovare l'intimità.

Usa lo spazio sottostante per buttare giù qualche idea.

Usa questo spazio per comporre la brutta copia della lettera, poi prendi un foglio e ricopiala in bella, se vuoi con l'aggiunta di schizzi e disegni.

I graffiti della gratitudine

Usa lo spazio sottostante per scrivere un'affermazione sulla gratitudine che provi. Sbizzarrisciti con i caratteri come fanno i writer sui muri. Poi decora lo spazio circostante: lavora con calma e goditi la tua opera d'arte assertiva.

Capitolo 7

ULTIMO QUARTO

Libera e lascia andare

Con la Luna nella fase dell'ultimo quarto, rivolgi l'attenzione verso l'interno per contattare il tuo lato oscuro. In questo capitolo indagherai un po' più a fondo le sensazioni sgradevoli esplorando, al sicuro, schemi mentali e rancori che vanno eliminati.

Offline

Ritagliati una serata senza internet e metti su una playlist di musica che ti emoziona, t'infonde un senso di purificazione e ti coinvolge. Poi scrivi su un foglio cinque cose che vuoi lasciar andare. Massima sincerità, tanto è solo per te e dopo lo distruggerai, quindi è segretissimo. Se non ritieni che sia il momento di comporre l'elenco, le attività di questo capitolo ti aiuteranno a farlo. Una volta finito, brucialo, sotterralo o strappalo, un gesto conclusivo di questo processo che ti aiuta a reindirizzare l'energia.

Com'è stato esplorare i sentimenti in un contesto privo di distrazioni? Scrivi tutte le emozioni e i vantaggi che noti.

CONCEDO

a me stesso

DI SCAVARE

più a fondo nelle

MIE EMOZIONI

Gentilezza verso se stessi

Via via che la Luna svanisce, immergerci nel lato oscuro può servire a esplorare gli aspetti più bui della nostra personalità, compresi sentimenti quali la vergogna e la tristezza. Com'è stato il tuo comportamento durante questo ciclo lunare? Nello spazio sottostante elenca qualunque cosa ti abbia trasmesso un senso d'inquietudine, fastidio o disagio, per esempio per non aver sostenuto il partner quanto avresti potuto. Massima sincerità.

Ora rileggi quello che hai scritto e commentalo con gentilezza ed empatia. Immagina di parlare a un amico. Potresti per esempio dire: "Non stavi bene e avevi bisogno di tempo e spazio per riprenderti". Il punto non è trovare scuse o accusare altri, ma mostrare comprensione e ammettere che è impossibile essere perfetti. In tal modo puoi cominciare a non trattarti con severità.

Depura l'aria

Nello spazio sottostante racconta se provi rancore nei confronti di qualcuno o disagio per una situazione. Non scusarti: scrivi che cosa senti e quali effetti ti provoca. Qui puoi liberare le frustrazioni represse.

Ora rileggi quello che hai scritto. C'è modo di lasciar andare un po' di energia stagnante? L'obiettivo non è giudicare ininfluenti i tuoi sentimenti, fingere che gli altri non abbiano sbagliato o permettere a chicchessia di rifarti un torto, ma spostarti in uno spazio mentale più terapeutico.

Stringi in mano il cristallo che hai caricato a pagina 119, o un quarzo rosa, e senti la sua energia positiva. Poi scrivi cosa provi. Non aspirare al perdono assoluto, ma apriti e accogli ogni sensazione.

Oltre le nuvole

C'è qualcosa che ostacola il tuo percorso impedendoti di realizzare le intenzioni e l'immagine che hai della tua vita? Meditaci su un po'. Possono interferire eventi presenti, ma anche eventi passati o vecchi modi di pensare: torna ai primi ricordi che hai. Se scopri paure, preoccupazioni o pregiudizi, scrivili sulle nuvole qui sotto.

Ti vengono in mente modi concreti per eliminare questi ostacoli?
Se ti sembra impossibile, va bene lo stesso, scrivilo pure.
Segna anche eventuali schemi mentali o pensieri ricorrenti.

Per superarli, puoi ricordare a te stesso tutto quello che meriti, compreso il raggiungimento degli obiettivi.

Io merito . . .

Io merito . . .

Io merito . . .

Il mostro interiore

L'ego può indurci a credere cose non vere su di noi, rischiando di farci sentire inadeguati, mai abbastanza bravi, e impedendoci di esprimere interamente le nostre potenzialità. Abbiamo tutti questo "mostro" interiore.

Nello spazio sottostante disegna il tuo "mostro". Alla fine scrivi tutte le cose che ti dice. Non tenertele chiuse dentro, lasciale uscire.

Leggere le parole che ti rivolgi ogni giorno può causare turbamento, ma servirà a smascherarne tutta l'irrazionalità.
Una volta compresa l'inutilità della cattiveria che ti infliggi, sarà più facile perdere questa abitudine.

L'eroe interiore

Dopo aver fatto uscire i demoni, usa lo spazio sottostante per disegnare il tuo eroe o angelo interiore. Circondalo di complimenti e parole incoraggianti scrivendo quello che diresti a un caro amico se lo sentissi disprezzarsi come il mostro disprezza te.
Questa energia è potente: falla tua.

Posa la mano sul cuore e sentine il battito. Siediti in silenzio e mandati amore a te stesso. Immagina l'energia del tuo eroe interiore inviarti calore e lasciati riempire il corpo. Che colore ha? Quale forma assume?
Aggiungi questi dettagli al disegno.

Una lettera al tuo io

Scriviti una lettera amorevole in cui elogi le sfumature che fanno di te una persona meravigliosa. Nessuna timidezza: hai tante belle doti (il ceto sociale o i titoli qui non contano). Ci sono senz'altro state occasioni in cui hai aiutato, mostrato gentilezza, fatto ridere qualcuno. Quando ti senti bene, mandi energia positiva agli altri.

Capitolo 8

LUNA CALANTE

Riposati e preparati a ricominciare

Ora la Luna si immerge nelle tenebre, pronta a ricominciare il suo ciclo. In questo capitolo finale darai priorità al riposo e all'esplorazione di quello che ti procura un senso di conforto. Così reintegrerai l'energia, preparandoti alla manifestazione della prossima Luna nuova.

Coccole lunari

Torna a pagina 13 e pensa a che cosa dona conforto al tuo segno lunare. Poi, nello spazio sottostante, scrivi quali attività puoi includere nelle tue giornate per incrementare questa sensazione. Se per esempio il tuo segno lunare è Pesci potresti leggere delle poesie o della narrativa, se è Cancro potresti preparare un pasto salutare. Prova qualcosa di diverso dalla solita routine.

IO

mi rilasso

PER RIPOSARE

e

RICARICARMI

Rilassarsi

Durante questa fase è importante dormire per risparmiare l'energia che ti servirà nel prossimo ciclo lunare. Qualunque rituale preceda il sonno dev'essere adatto, ma anche riposante, quindi prova quello suggerito qui per rilassarti, allontanare i pensieri e diffondere energia terapeutica.

Formula per un sonno terapeutico

Ti occorrono

- **Lavanda essiccata**
- **Olio essenziale calmante (ylang-ylang, camomilla, rosa, geranio o lavanda)**
- **Sacchettino di cotone con laccetto**
- **Penna e foglietto**

Rituale

- Riempi il sacchettino con la lavanda e aggiungi due gocce dell'olio essenziale che hai scelto.
- Sul foglietto scrivi una cosa che vuoi sanare, tua o altrui, infilalo nel sacchettino e chiudi il laccetto.
- Siediti a meditare, immaginando l'energia terapeutica all'opera.
- Metti il sacchettino profumato sotto il cuscino: puoi aggiungere l'olio ogni volta che lo desideri.

Scrivi tre cose accadute oggi e per le quali provi gratitudine, cose belle o che ti hanno fatto sorridere. Se non te ne viene in mente nessuna, non preoccuparti: domani comincia il nuovo giorno preparandoti a tali possibilità e la sera scrivi le tre cose.

Il diario mattutino

Quando ti svegli al mattino approfitta del senso di torpore e dello stato ancora sognante per scrivere le prime cose che ti vengono in mente. Pazienza se ti sembrano insensate o illeggibili. Usa questo spazio per buttare giù qualunque cosa abbia in testa quando apri gli occhi, fermandoti non appena ti senti vigile e consapevole. Considerala una liberazione d'inizio giornata: lascia andare tutto quello che è emerso durante la notte.

Fai spazio

La fase della Luna calante è il momento ideale per sbarazzarsi degli oggetti inutili, donandoli o riciclandoli. Il solo ordinare il tuo spazio vitale e organizzare le cose è utile per riallineare l'energia e rallegrare l'umore.

Usa lo spazio sottostante per elencare gli oggetti di cui vuoi sbarazzarti, e motiva le tue scelte. Quale energia eliminerai o accoglierai con questo gesto? Stabilisci un tempo limite e, siccome in questa fase del ciclo lunare i cali di energia sono la norma, arrivaci a piccoli passi.

Tesori preziosi

Disegna alcune cose che ritieni preziose perché custodiscono associazioni mentali e bei ricordi. Accanto a ogni disegno scrivi perché ci tieni tanto. Guardare ciò che amiamo può aiutarci ad apprezzare davvero quello che abbiamo e a ricordarci che il valore affettivo conta più dell'oggetto in sé.

Apprezzare le stagioni

Vai a fare una passeggiata e raccogli quattro doni della natura tipici della stagione, come foglie, fiori e semi. Disegna la tua collezione nello spazio sottostante, prestando molta attenzione a colori e consistenze: è periodo di aridità e deperimento o di freschezza e crescita?

Che cosa hai provato dopo la passeggiata? Hai sentito una parte di te in sintonia con l'energia della stagione? Scrivi qualunque associazione sia emersa, comprese le cose di cui ti piacerebbe liberarti in questa fase del ciclo lunare.

Per prepararti al prossimo rituale della Luna nuova, sistema sull'altare le cose raccolte. Cerca di guardarle tutti i giorni per ricordare le tue intenzioni. Ringrazia per quanto sta avvenendo e mostra gentilezza nei tuoi confronti anche se le cose non vanno come avevi immaginato.

Incontra il tuo animale guida

Prendi un cristallo che associ al sostegno amorevole: se non ce l'hai, usa il quarzo rosa. Stringilo in mano e siedi in silenzio, concentrandoti sulla tua pelle che lo riscalda. Se ti distrai, puoi ascoltare musica meditativa. Fai qualche respiro profondo e pensa alla guida che desideri in questo momento. Poi scrivi.

Adesso immagina di camminare nella natura: in un bosco, sulla spiaggia, in montagna, nel deserto, ovunque ti porti la mente. Qui avviene l'incontro con il tuo animale guida. Quale forma assume? Visualizza l'energia di cui hai bisogno e manda quel pensiero alla creatura. Come reagisce? Quando senti che è il momento adatto, scrivi che cosa ti ha mandato in cambio.

Ora che hai incontrato il tuo animale guida, disegnalo nello spazio sottostante. Se la meditazione non ha prodotto un'immagine chiara, non importa: disegna un animale con cui senti di avere una forte affinità o uno pescato dal mazzo delle carte dell'oracolo, oppure consulta un guaritore spirituale.

L'anziana

Mentre la Luna s'immerge nell'oscurità è tempo d'incontrare l'ultimo aspetto dell'archetipo della dea trina: la dea Ecate, l'anziana. Ha la saggezza dei suoi tanti decenni ed è ritratta con una torcia nella notte. Disegnati a distanza di anni da ora, mentre incarni questa misteriosa e profonda energia.

Scrivi quello che diresti al tuo io più giovane usando la magia del senno di poi e dell'esperienza. Rifletti a fondo sulla cosa che riterrai più importante di tutte quando arriverai a quell'età.

Va bene non star bene

In questa fase del ciclo lunare è tempo di prendere atto, con sincerità, dei propri sentimenti. Capita a tutti di ignorare le emozioni sgradevoli, o almeno di provarci, ma non è necessario. Dedica un po' di tempo a completare le frasi che trovi qui di seguito, osservando eventuali preoccupazioni, rancori o rimpianti. Non ti si chiede di essere sempre felice, ma di accettare tutto di te.

Va bene . . .

Va bene . . .

Va bene . . .

Va bene . . .

La conoscenza interiore

Via via che il ciclo si avvicina al termine, puoi usare alcune affermazioni fiduciose per prepararti alla prossima Luna nuova. Ripetile durante la giornata attingendo all'energia inconscia che fluisce in te.

È tutto come dovrebbe essere.

Accetto con grazia il punto in cui mi trovo e quello che ho imparato.

Scelgo di considerare sia la luce sia il buio che sono in me come parti che mi rendono ciò che sono.

Mi apro alle nuove possibilità che ho di fronte.

Nello spazio sottostante scrivi le tue affermazioni finali.

Una scena serena

Quando il ciclo lunare si chiude, pronto a ricominciare, è importante sentirsi ricaricati. Disegna un posto in cui vorresti rifugiarti, e che ti trasmette un senso di pace. Sarà l'esempio di bellezza perfetta che potrai visitare ogni volta che vorrai.

Ringraziamenti

Un enorme grazie ai miei genitori Karen e Peter, che con amore e incoraggiamento infiniti mi hanno donato la sicurezza per vivere e lavorare con creatività. Al mio compagno Will per l'aiuto durante i momenti peggiori. Grazie ai miei fratelli, all'intera famiglia e ai miei adorati cani Sasha e Mango. Alla straordinaria famiglia dell'atelier, Nina, Jade, Suzie ed Ellie, per l'energia e il sostegno. A tutte le amiche e gli amici, che con il loro affetto mi hanno aiutata a realizzare questo libro anche se non lo sanno!

Un gigantesco grazie allo staff di Leaping Hare Press per il duro lavoro e per averci creduto! A Monica per avermi scoperta e aiutata a trovare la via, a Elizabeth per l'entusiasmo e l'impegno, ad Anna, James, Hanri, Jo, Tom e David per averne fatto un libro stupendo.